अल्फ़ाज़ों का काफ़िला

Dr. Amit Khajuria

अल्फ़ाज़ों का क़ाफ़िला © 2024 Dr. Amit Khajuria

All rights reserved.

No part of this publication may be reproduced, stored in a retrieval system, or transmitted, in any form or by any means, electronic, mechanical, photocopying, recording or otherwise, without the prior written permission of the presenters.

Dr. Amit Khajuria asserts the moral right to be identified as the author of this work.

Presentation by *BookLeaf Publishing*

Web: www.bookleafpub.com

E-mail: info@bookleafpub.com

ISBN: 9789363310230

First edition 2024

TO Khaalis mohabbat.

ACKNOWLEDGEMENT

Writing each poem has been a journey that I could not have completed alone. I am deeply grateful to all those who have supported and encouraged me throughout.

First and foremost, I want to thank my parents (Mrs. Madhu Bala and Mr. Arun Khajuria) for their unwavering support and understanding during my toughest of times. Your patience and love have been my foundation.

A special thanks to my sisters (Dr. Manika and Upasana), who were standing besides me when no one else did.

To Jyotsna, your support has been extraordinary. Your encouragement, patience and belief in me have been a source of immense strength and motivation. I could not have done this without you.

To my friends, Khushbu and Gayla, thank you for your love and support. Your contribution in my life has been a constant source of motivation.

I am also indebted to Dr. Rupali for guiding me throughout my tough times. Your wisdom and advice have been instrumental in shaping my perception of life.

Finally, to my doctors and nursing staff, Dr. Anangsha, Dr. Ankit and Dr. Shareena, Sanjay, Arun, Deepak, Tapas, Rahul, Rajesh, Shakila, Ayesha, Sukumar, Sawera, Late Chotte lal and Sandy. Thank you for embarking on this journey with me. Your support means the world to me.

Thank you sister from another mother Mehak Khajuria for making me and BookLeaf Publishing meet.

PREFACE

जब भी दिल में छुपे जज़्बात तूफ़ान मचाएँ, तो वे अमूमन अल्फ़ाज़ों की शकल लेने के लिए मचलते हैं। यह किताब, उन अनगिनत एहसासों का निचोड़ है जो मेरे दिल से निकलकर काग़ज़ पर उतरे हैं। यह शायरी मेरी रूह की गहराइयों से निकली आवाज़ है, जो इश्क़, दर्द, उम्मीद और निराशा के अलग अलग रंगों को अपने में लपेटे हुए है।

इसमें, मैंने अपनी ज़िंदगी के उन लम्हों को कैद किया है जो अल्फ़ाज़ों के बिना अधूरे थे। हर शेर एक तजुर्बा, एक कहानी, एक जज़्बात का दस्तख़त है, जो आपसे सीधे गुफ़्तगू करना चाहता है। यह किताब उन कीमती पलों का दस्तावेज़ है, जिन्हें मैंने अपनी रूह के सबसे नाज़ुक कोनों से निकाला है।

शायरी का यह सफ़र केवल मेरा नहीं, बल्कि हम सभी का है। हर पढ़ने वाले को इसमें अपने तजुर्बों की झलक मिलेगी, अपने जज़्बात की गूँज सुनाई देगी। मेरी कोशिश है कि आप इन अल्फ़ाज़ों के ज़रिए अपने दिल की धड़कनों को महसूस कर सकें, अपने एहसासों को तोहफ़ा दे सकें।

मैं शुक्रगुज़ार हूँ उन सभी का, जिन्होंने इस सफ़र में मेरा साथ दिया और मेरी हौंसलाअफ़ज़ाई की। इस किताब के हर पन्ने पर आपकी मोजूदगी महसूस होती है। आप सभी को मेरा दिल से शुक्रिया।

उम्मीद है कि एहसासों का क़ाफ़िला आपके दिल को छू पाएगा और आपको एक नए एहसासी सफ़र पर ले जाएगा।

डॉ. अमित खजुरिया

जाना

तू मेरे अंदर कहाँ-कहाँ है जाना,
हर हिस्से में तेरा निशाँ है जाना,

ढूँढते-ढूँढते पहुँचा रूह तक,
देखा तो तू बैठी वहाँ है जाना,

ख़ुद की तलाश अब छोड़ दो,
तुम्हारा पता मेरे यहाँ है जाना,

घर बनता ही नही कभी मुझसे,
आओ यहाँ इक मकाँ है जाना,

सब क़ाफ़िले बनाए चल रहे हैं,
मेरा तो तू ही कारवाँ है जाना,

हाथ पकड़ कर कभी बैठो मेरा,
मेरी कहानी लंबी दास्ताँ है जाना,

कभी चोट ना दे देना मुझे,
दिल तुम्हारा ही आशियाँ है जाना,

चल कोई नया रस्ता बनाए,
ज़माना तेरे मेरे दरमियाँ है जाना,

अभी तो आग़ाज़ है इश्क़ का,
देख चढ़ने को आसमाँ है जाना!

गिला

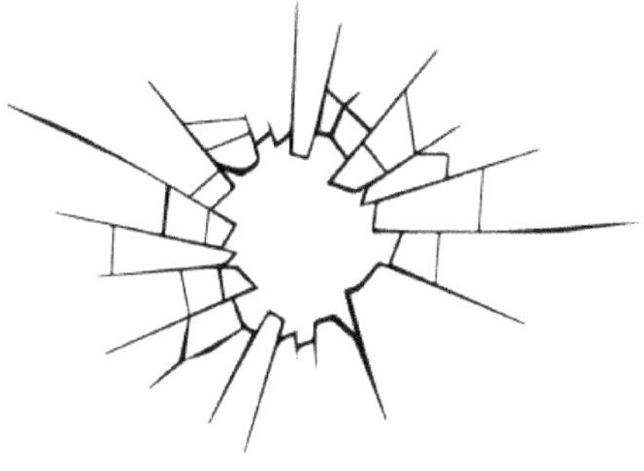

दर्द से एक ही गिला है मुझे,
कि मोहब्बत फिर से मँगवानी है मुझे,

तू भी बन जा बेवफ़ा पहले वाली की तरह,
फिर से दिल पे चोट खानी है मुझे,

तड़पने दे इस दिल को बिलकुल तन्हा-तन्हा,
यह सज़ा उमर भर निभानी है मुझे,

कोई मुझे हसीन हवाओं में छोड़ दो,
बाहर जाने से पहले आँखें सुखानी है हैं मुझे,

ना पूछो मुझसे मेरे ग़म का सबब,
बहुत सी बातें अभी झूठी बनानी हैं मुझे,

ना आगे बढ़ते हैं, ना पिछला भूलते हैं,
अभी जन्मों की सज़ा चुकानी है मुझे,

बैठे हैं पूछने वालों के इंतज़ार में अमित,
सब को उसकी असलियत दिखानी है मुझे!

सबर

सोच-सोच कर थक जाता हूँ मैं,
बार-बार कोशिश कर हार जाता हूँ मैं,

उठ खड़ा होकर फिर गिर जाता हूँ मैं,
वफ़ा के इंतज़ार में सबर हो जाता हूँ मैं,

कहीं तो सुकून मिले इस भटकते दिल को,
अक्सर वीरानियों में भी झांक आता हूँ मैं,

ख़फ़ा रहते हैं मुझसे सब ऐसी तक़दीर है मेरी,
महफ़िलों में कोने मे बैठ जाता हूँ मैं,

किसी दिन देखोगे तो पहचान में ना आएँगे,
पत्थर पे पत्थर रख पहाड़ बन जाता हूँ मैं,

मुझे चाहो ना हद से भी ज़्यादा,
इश्क़ के तजुर्बे से अक्सर डर जाता हूँ मैं,

बड़ी मेहरबानी होगी कोई जान ले लो,
जीने से हर बार कुछ हार सा जाता हूँ मैं!

नूर

उनकी आँखों में झांका तो मालूम पड़ा कि,
वो अंदर क्या-क्या छुपाए रखे हैं,

बाहर तो सिर्फ़ ख़ूबसूरती का इश्तहार है,
नूर तो अंदर ही अंदर सजाए रखे हैं!

सादगी झलकती है उनकी बातों से,
ज़ुबान पे मासूमियत की बारिश लगाए रखे हैं!

दिल साफ़ सुथरा बिन फ़रेब है उनका,
ना जाने अपने अंदर कौन सा बच्चा बिठाए रखे हैं!

दूसरों के दर्द में खुद को भूल जाते हैं,
मालूम नहीं कौन सी नेक दुनिया से आए रखे हैं!

हंसते हैं तो चारों और महक फैलती है,
सीरत को जन्नत के इत्र से नहलाए रखे हैं!

कुछ तो तेज बहता है उनकी साँसों में,
खुदा को भी हर वक़्त पागल बनाए रखे हैं!

हद पार

मैं हर बार इश्क़ की हद पार जाता हूँ,
मैं हर बार, ख़ुद से ही हार जाता हूँ,

दिल में बोझ और आँखों में आँसू लिए,
मैं दिल वालों के दिल से बाहर जाता हूँ,

इक आख़िरी बार शायद वो सुन ले,
जाते-जाते, इक आख़िरी बार पुकार जाता हूँ,

कुछ काम नहीं आते मेरे वफ़ाई के लिबास,
सोचता हूँ कि, अब इन्हें उतार जाता हूँ,

क्यूँ कुदरत के ख़िलाफ़ कोई कदम उठाऊँ,
ग़म में सही, बचेकुचे दिन गुज़ार जाता हूँ,

चुप रह कर काट लूँगा उसके साथ कुछ दिन,
ख़ुद को नहीं, तो उसे ही सँवार जाता हूँ,

क्यूँ आईने को तोड़ दूँ उसके ग़म में,
दिल ना सही, चेहरा ही निखार जाता हूँ,

दिल शहर में कुछ इलाक़े बंजर पड़े हैं,
कोई नहीं जाता वहाँ, पर मैं बेशुमार जाता हूँ!

इंतज़ार

हम तेरी माला जपते थे,
दीवाना बन-बन फिरते थे,

तू ख़ुद को हमारा बताते शर्म करता था,
हम दुनिया से तेरी बातें करते थे,

तू बेख़ौफ़ दर्द पर दर्द दिए गया,
हम ऊँची आवाज़ में भी बुलाने से डरते थे,

तू हर बार नए सफ़र के लिए रवाना होता था,
हम बार-बार पुरानी गलियों से गुज़रते थे,

तेरी तो आबरू की भी हिफ़ाज़त की हमने,
तेरे होने के बावजूद पत्थरों से हम बिखरते थे,

तू कभी पूछ लेती ग़म मेरा तो सब भूल जाते,
वैसे तो दर्द शराब से भी उतरते थे!

नाम

दरिया ढूब गया पानी में,
अपनी ही पहचान की घुमानी में,

उसकी ख्वाहिश थी मेरा नामों निशान मिटाना,
जी रहा हूँ अब तक गुमनामी में,

उमर के साथ ज़िम्मेदार हो गए,
हम भी बेपरवाह फिरते थे जवानी में,

ऐशों आराम सब है मेरे आलीशान बंगले में,
सुकून ढूँढ़ते हैं आज भी कोठरी पुरानी में,

जाओ तुम सब लिखो मेरे बारे में,
बहुत बार नाम आएगा उसका मेरी कहानी में!

इत्तेफ़ाक़

तेरे आँसू और मेरे आँसू एक जैसे क्यूँ हैं,
जहान में दर्द बाँटने वाले एक जैसे क्यूँ हैं,

गुलशन में अलग-अलग रंग और ख़ुशबू भरे फूल हैं,
फिर यह काँटे एक जैसे क्यूँ हैं,

पूछ लूँ की तुमने शख़्स अलग-अलग बदले,
फिर यह बहाने एक जैसे क्यूँ हैं,

हीर रांझा हों या फिर सोनी महिवाल,
जुदाई के क़िस्से एक जैसे क्यूँ हैं,

उमर गुज़ारनी है जब साथ-साथ,
फिर मोहब्बत में जीना मरना एक जैसे क्यूँ है,

कभी ख़ुदा से मुलाक़ात हुई तो पूछूँगा,
मज़हब अलग-अलग हैं फिर रास्ते एक जैसे क्यूँ हैं!

टूटा दिल

गूंज रही है जो आवाज़ कई दिनों से, आसपास, दिल
टूटने की है,

मेरे चेहरे से उम्मीद ना रखो कुछ बताने की,
यह खामोशी, दिल टूटने की है,

उसके मेरे बीच कुछ नहीं रह गया बक़ाया,
यह अजनबी हवाएँ, दिल टूटने की हैं,

हँसना भूल रहे हैं हम और रोना भी,
यह आँखों की सादगी, दिल टूटने की है,

फ़ना हो चुका हूँ इश्क़ में जल कर,
यह कोने में पड़ी राख, दिल टूटने की है!

हाथों में कंपन है फिर से इश्क़ में पड़ते हुए,
यह लरज़िश, दिल टूटने की है,

मेरे खेतों में फसल नहीं सिर्फ़ बंजर मिट्टी की धूल है,
यह उठती गर्द, दिल टूटने की है,

तन्हाई से मौत की बातें करता हूँ,
यह ना जीने की कुरबत, दिल टूटने की है,

नज़र नहीं आता मैं खुद को, आयना देखने से डरता हूँ,
यह शिकस्त, दिल टूटने की है

दोनो में से कोई एक ज़िंदगी भर तड़पेगा,
यह रिवायत, दिल टूटने की है,

मिलता था कभी गले लग कर, आज हाथ नहीं
मिलाता,
यह उज़र, दिल टूटने की है,

तू किसी दिन हंसते-हंसते मुझ बीमार का हाल पूछना,
यह अयादत, दिल टूटने की है!

साथ

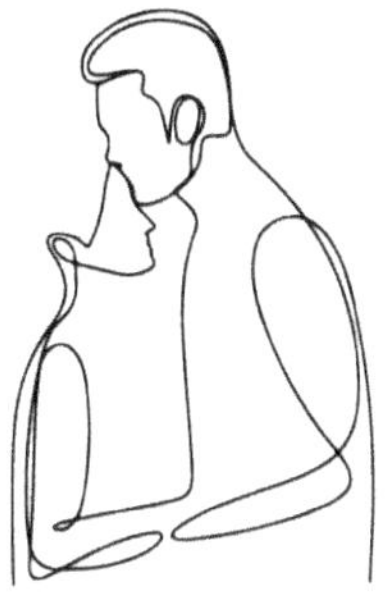

इस बारिश में तुम्हारा मुकम्मल साथ हो,
भीग रहे हो और एक दूजे के हाथ में हाथ हो,
होठों पे मुस्कुराहट और आँखों में ठाठ हो,
कुछ मेरे इश्क़ और कुछ तुम्हारी मोहब्बत की
साँठ-घाँठ हो!

भीगे हुए बदन एक दूसरे से चिपके हों,
मेरे होंठ तुम्हारे होंठों से लटके हों,
साँसों के गुब्बारे मिलने के लिए भड़के हों,
कुदरत के फ़रिश्ते हमें मिलाने के लिए बहके हों!

गरम-गरम चाय का एक ही प्याला हो,
बातों से अंदर का सारा दर्द बाहर निकाला हो,
और फिर हँसी को ज़मीन से आसमान तक उछाला
हो,
शाम के हलके अंधेरे में मिलाप का उजाला हो!

जलद ही ऐसा हो की ऐसा हो,

ख़ालिस इश्क़ ख़ुदा की इबादत जैसा हो,
जैसा नज़ारा समंदर, पहाड़, दरिया, जंगलों का है वैसा
हो,
चाँद, तारे, सियारह वग़ैरह जैसे सिमटे हैं तैसा हो!

फ़ज़ूल

जब ज़िंदगी ने लाचार छोड़ दिया,
मैंने भी उसे जीना छोड़ दिया,

जब कोई ना आया ग़म ए-हाल-पूछने,
मैंने भी फ़िज़ूल रोना छोड़ दिया,

जब ज़माने को नहीं परवाह मेरी,
मैंने भी उसका हाल पूछना छोड़ दिया,

जब मोहब्बत ही ना रही दुनिया में,
मैंने भी इश्क़ करना छोड़ दिया,

जब सब ने छोड़ ही दिया समझना,
मैंने भी हाल चाल बताना छोड़ दिया,

जब कोई ज़िंदा ही नहीं रहा यहाँ,
अमित ने भी दिल से सोचना छोड़ दिया!

घड़ी

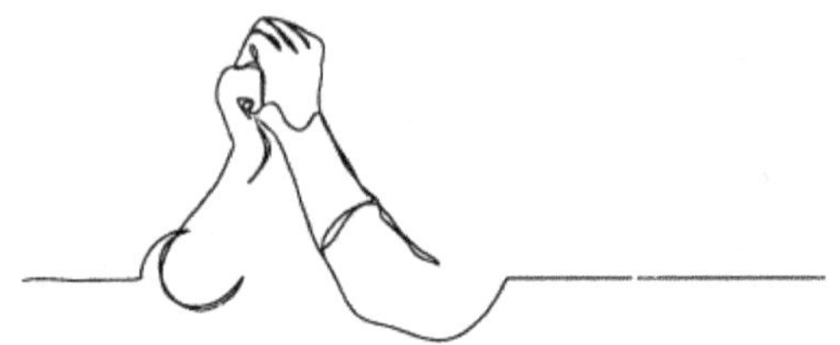

शिकायत यही है की इतना क्यूँ रुलाया मुझे,
इक उमर बाद तुझसे क्यूँ मिलाया मुझे,

मरते दम तक ना हटूँगा पीछे,
तूने तो तब थामा जब सब ने ठुकराया मुझे,

मैं दर्द में भी दुआ माँगता रहा,
फिर खुदा कहीं से आया और मुझे दिखाया तुझे,

मेरी बारी आने ही वाली थी खातमे की,
तूने आके मौत के आगे से हटाया मुझे,

सोए पड़े थे मेरे असूल मेरे साथ,
मेरी नज़रों ने तेरी नज़रों से जगाया मुझे,

अब रोना भूल चुका हूँ और परेशानियाँ भी,
यह तूने कैसे और किस कदर हंसाया मुझे,

चल अब पिछला सब भूल जाते हैं,
नई कश्ती में खुदा ने है बिठाया तुझे मुझे!

खबर

आज मेरे गिरने की खबर छापो,
मेरे जीते जी मरने का सफ़र छापो,

बताओ दुनिया को मेरे इश्क़ की बाज़ी,
उसमें मेरी हार का ज़फ़र छापो,

ज़ुल्म होते देखता रहा खुद पर,
कोई मेरी मोहब्बत की नज़र छापो,

उसकी बेवफ़ाई से मेरे पे क्या गुज़री,
रूह की तड़प का गुज़र छापो,

सुध-बुध खोए फिरते हैं दर बदर,
मोहब्बत में पागलपनती का असर छापो,

दिल की आवाज़ बेख़ौफ़ हुआ करती थी,
ख़ामोश है आज जिस से वो डर छापो,

टूटे ख़्वाबों को लिए वीरानियों में बैठे हैं,
यहाँ हुआ करता था एक घर छापो!

बेख़ुदी

मैंने अजीब रिश्ते पाल रखे हैं,
अपने सब अरमान बाहर निकाल रखे हैं,

दर्द देने वाले ही मेरे दिल के क़रीब हैं,
मैंने बर्बादी के औज़ार कमाल रखे हैं,

उम्मीद-ए-हौंसले की क्या बात करूँ मैं,
मेरे अपने ही मुझसे मलाल रखे हैं,

ज़रा सा उड़ते ही फँस जाता हूँ मैं,
किसी ने मेरे हौंसलों से पहले जाल रखे हैं,

सफ़ेद दिल ज़रिया है मेरी ज़िंदगी का,
लोगों ने हर बात ख़ातिर गुलाल रखे हैं,

चले आओ कभी सब छोड़-छाड़ कर,
मैंने ख़ुद के साथ तुम्हारे ख़याल रखे हैं,

आओ कभी घुमा लाऊँ तुम्हें अपना घर,
मैंने हर कमरे में सजा बेजवाब सवाल रखे हैं!

इश्क़ की जड़ें

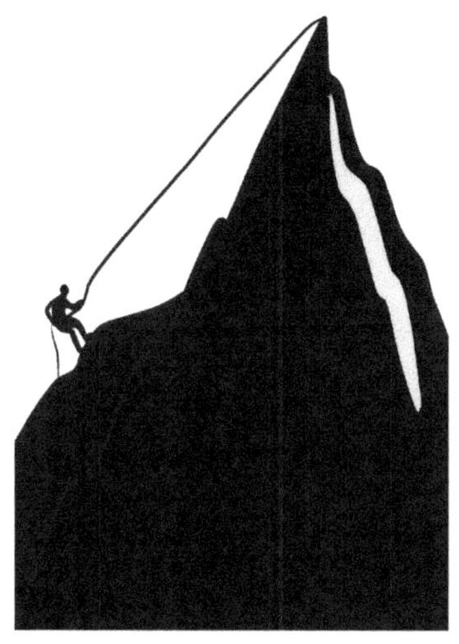

बेक़दर मोहब्बतें रस्तों पर पड़ी हैं,
इश्क़ की जड़ें तो एहतराम में गढ़ी हैं,

अपनी आँखों से उनके दिल को सुनते रहना,
इस ज़माने में कुछ लाशें भी खड़ी हैं,

गुस्ताख़ की आँखों से जो कभी ना टपका,
सुना बूँदे अब उस दिल से भी झड़ी हैं,

खेल-खेल में बुन गया जो एहसास वो,
लिबास-ए-दिल पर ख़ुशबूएँ उसकी चढ़ी हैं,

मंज़िल-ए-इश्क़ का मक़ाम नही फ़ुरक़त सफ़र,
इसकी पैचीदा चढ़ाइयाँ बहुत ही कड़ें हैं,

मेरी क़िस्मत से ना पूछ कामयाबी का सफ़र,
मेरी लकीरें भी उसके लिए ही लड़ी हैं!

बौखलाया

जब उसके एहसास दिल में पलते थे,
हम मुस्कुराहट पहने चलते थे,

आज दो कदम चल ना पाए वो गलियाँ,
जहां कभी चार कदम इकट्ठे पड़ते थे,

ना जाने कहाँ से इकट्ठा कर लाई फ़रेब,
पहले तो हम दोनों एक दूजे पे मरते थे,

पूछते हैं फ़रक मेरी और उसकी कहानी में,
जहां उसके बाल वहाँ मेरे ख़्वाब बिखरते थे,

अंधेरों में ले जाती थी धोखाधड़ी की राहें,
बिन चाँद हम वहाँ से गुज़रते थे,

आज तो अधूरे इश्क़ ने फ़क़ीर बना डाला,
इक वक़्त हम भी बनते संवरते थे,

सहम जाता है दिल अब ख़ूबसूरत चेहरों से,
किसी ज़माने हम किसी से नहीं डरते थे!

हम

लड़ते-झगड़ते रहते हैं तुमसे, हारने को हम,
आज़माते हैं हर तरीक़ा ख़ुदको तुम में, उतारने को
हम,

मुँह फुला कर ख़ुद तो सो जाती हो रातों को तुम,
बेचैनी से बातें करते रहते हैं, रात गुज़ारने को हम,

कभी तुम भी आया करो लाड़ करने के इरादे से,
बेक़सूर होते हुए भी आ जाते हैं तुम्हें, मनाने को हम,

यूँ तो दुनिया की ठोकरें बरदाश्त करते रहते हैं हम,
तुम्हें कोई कुछ कह दे उतर आते हैं, मरने, मारने को
हम,

वैसे तो फिरते रहते हैं फ़क़ीरी में फटे और बेहाल हम,
उनके आते ही खड़े हो जाते हैं ख़ुद को, संवारने को
हम!

बेवफ़ा

कुछ ज़िंदा को मार कर गए,
कुछ मरे को मार कर गए,

चलता रहा यह मार के जाने का सिलसिला,
पर जाने वाले मोहब्बत हार कर गए,

उम्मीद लगा बैठा जिनसे सीने से लगाए रखने की,
वो सब पीठ पर ख़ंजर वार कर गए,

निकले वो चुपके से बिन बताए घर दिल से,
ऐसा नहीं था की वो पुकार कर गए,

सुनाता रहता हूँ जो मैं ग़म भरी ग़ज़लें और नज़्मे,
यह वो दर्द है जिसे वो सँवार कर गए,

तोहफ़े में दिया था उनको मैंने शर्म और हया का जो गहना,
वो रुख़्सत होने से पहले उसे उतार कर गए,

अब नहीं रही वो चमक इश्क़ की गलियों और बस्तियों में,
कुछ ग़द्दार मोहब्बत को दागदार कर गए!

फुसलाया

मुझे छोड़ किसी और को तो पाया होगा,
कोई ना कोई ख़त ज़रूर मेरे नाम आया होगा,

अब ना आना मुझे फिरसे मिलने,
आप का वक़्त यूँ ही ज़ाया होगा,

कुछ तो दिखता है मुझे दिल में
वो नहीं तो उसका साया होगा,

वो नहीं था बेवफ़ा बिलकुल भी,
किसी ने तो सबक़ पढ़ाया होगा,

कहाँ रहता था परिंदा जंजालों में,
किसी ना किसी ने उसे फसाया होगा,

आता नहीं था उसको घर तोड़ना,
किसी ने तो उसको सिखाया होगा।

मुंतज़िर

हम ख़ुद से सवाल पूछते रहते हैं,
और घंटों जवाब सोचते रहते हैं,

डर है दिल फिरसे जल ना जाए,
हम उनके इरादों का तापमान जाँचते रहते हैं,

ख़ुदगर्ज़ नियत को नहीं परवाह एहसासों की,
दिल ही तो है और दिल टूटते रहते हैं,

बे-असर हो चुके हैं मोहब्बत के अल्फ़ाज़,
अनसुना रह जाता है जो हम बोलते रहते हैं,

है इंतज़ार अब सुकून-ए-ज़िंदगी का,
सो बार-बार दिल की खिड़की खोलते रहते हैं!

खुदी

ज़िंदगी गुज़र गई सब को मनाते-मनाते,
दिल बार-बार ज़ख़्मी हुआ रिश्ते निभाते-निभाते,

किसी के आगे मुस्कुरा दिया, किसी से बात कर ली,
कुछ इस तरह काट ली ग़म छुपाते-छुपाते,

किसी ने सुना ही नहीं मेरी ख़्वाहिशों को,
यह दिल भी अब थक गया आवाज़ लगाते-लगाते,

अब तो ख़ुद को नहीं पहचान पाता मैं,
इस कदर कुछ और बन गया मैं नक़ाब लगाते-लगाते,

थक चुका है यह शख़्स बनावटी किरदारों से,
अब जीना चाहता हूँ ख़ुद को ख़ुद से मिलाते-मिलाते!

बेफ़िज़ूल उम्मीदें

दर्द से सवाल कर बैठा,
मैं पागल जवाब की उम्मीद कर बैठा,

मोहब्बत दी उनको बहुत,
बदले में निभाने की उम्मीद कर बैठा,

जलता जा रहा था दिल मेरा,
ख़ामख़ा उनकी ज़ुल्फ़ों से उम्मीद कर बैठा,

वो मुझसे मुख़्तलिफ़ थे,
बेकार में ही वस्ल की उम्मीद कर बैठा,

उनका दिल ही नशेमन था मेरा,
उनके ज़रिए जीने की उम्मीद कर बैठा,

दूर तक निगाह में वो थे,
प्यासा समुंदर से दरिया की उम्मीद कर बैठा,

मशिय्यत थी उन्हें पाने की,
इबादत बिना ही दुआ से उम्मीद कर बैठा!

अजीब अजनबी

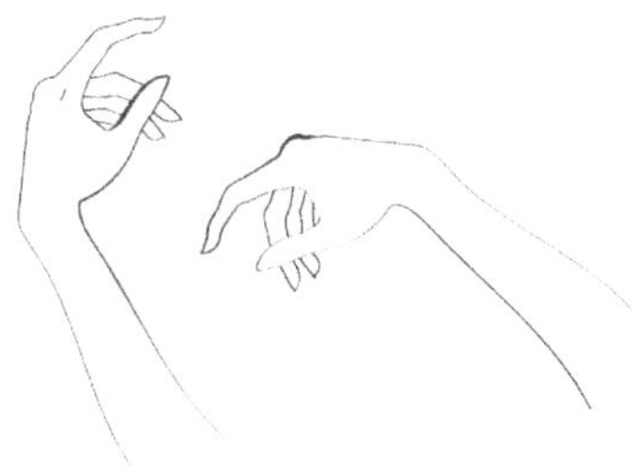

जब भी हम दिल खोल के रखते हैं,
देखने वाले बस हाथ ही मलते हैं,

ऐसा नहीं कि क़ैद में है हर कोई,
चलने वाले ज़ंजीरें तोड़ साथ चलते हैं,

ना ज़िक्र करो सब के सामने हमारा तुम्हारा,
लोग अंदर ही अंदर बहुत जलते हैं,

भरोसा रख हमसे ही हमारा सब पूछ लेना,
लोग तो हमारे बारे में ज़हर उगलते हैं,

फेंकना मत जला देना मेरे अरमान,
दुनिया वाले ख़ामख़ा हर चीज़ कुचलते हैं,

पीछे से आवाज़ लगा देता अमित भी,
पर क्या बेवफ़ा कभी बदलते हैं?

मैं इश्क़ हूँ

किसी के दिल तक छा गया,
किसी के तो होठों पे आ गया,
और किसी की निगाहों को पा गया,
हर इज़हार में, मैं ही हूँ, मैं इश्क़ हूँ!

किसी ने सँभाल के रखा वजूद मेरा,
कोई एहसान-ए-क़र्ज़ पर बढ़ाता रहा सूद मेरा,
किसी के ज़हन में ना रहा अक्स मौजूद मेरा,
हर सूरत-ए-हाल में, मैं ही हूँ, मैं इश्क़ हूँ!

कोई मुझे बातों-बातों से सींचता रहा,
कोई अपने गहरे एहसासों में खींचता रहा,
और कोई मेरा हक़दार मुझसे छीनता रहा,
हर शख़्स में, मैं ही हूँ, मैं इश्क़ हूँ!

किसी ने सजा के रखा मुझे साँसों में,
किसी ने बहा दिया मुझे आँखों से,
और कोई खोजता रहा किसी की बाहों में,
हर सजावट में, मैं ही हूँ, मैं इश्क़ हूँ!

फ़क़ीर के ख़ुदा में, मैं ही हूँ,
पीर की दुआ में, मैं ही हूँ,
जुदाई के जुदा में, मैं ही हूँ,
हर फ़ितरत में, मैं ही हूँ, मैं इश्क़ हूँ!

चाहत

इक बात कहना चाहता हूँ,
मैं भी दिल से मुस्कुराना चाहता हूँ,

मिलता नहीं बेशर्तों के कोई हमसफ़र,
मैं भी किसी से हाथ मिलाना चाहता हूँ,

कब तक बंजर रहेगा मेरा बगीचा,
मैं भी घर में फूल खिलाना चाहता हूँ,

बढ़ नहीं रही मेरी ज़िंदगी की गाड़ी,
मैं भी ज़माने के साथ इसे चलाना चाहता हूँ,

ऐसा नहीं बीमार रहने का शौक़ है मुझे,
मैं भी ख़ुद को मरने से बचाना चाहता हूँ!

कभी ऐसा हो

कभी ऐसा हो कि, हम तुम बैठे समुंदर किनारे,
धीमी-धीमी चाँद की लौ से, हल्के-हल्के रोशन हों किनारे,
एक दूजे की मौजूदगी में, खो सा जाएँ हम,
सब ज़िंदगी की उलझने छोड़, बच्चे हो जाएँ हम,
अपनी तकलीफ़ें घर पर ही भूल आएँ हम,
रेत पे कुछ सुकून के पल, चलो उगाएँ हम,
कुछ तुम कहो, अपने दिल का हाल हमसे,
कुछ मैं बताऊँ, अपने बीते साल तुमसे,
हल्की-हल्की हवाएँ, गालों को चूम रही हों,
दिल की धड़कने, गुफ़्तगू करने को झूम रही हों,
तुमने एक हाथ से मेरा हाथ, पकड़ कर रखा हो,
दूसरे हाथ से मेरे काँधे को, जकड़ कर रखा हो,
एक दूसरे की हमदर्द साँसें, महसूस कर रहे हों,
दबे इश्क़ की सिफ़ारिश, आँखों के जासूस कर रहे हों,
चिपके हों भीगे रेत के दाने, हमारे पैरों में,
ताकते रहे एक दूजे को, ना क़ैद हों ग़ैरों में,
लिपटे रहें तारों की बारात के नीचे,
छिपायें अपने-अपने आँसू, घनी रात के पीछे,
सिर्फ़ मैं और तुम हों, ऐसा जब भी पल हो,
उस रोज़ बाद एक दूजे बिन, ना कोई कल हो!

दिलेरी

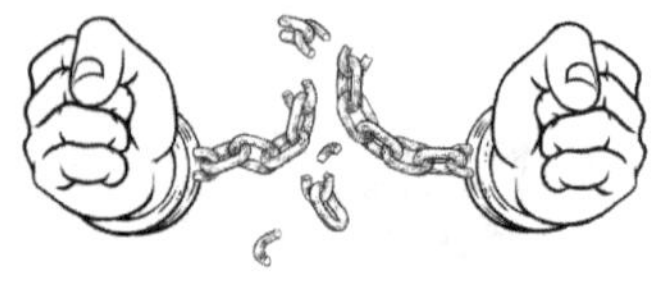

टूट जाने का डर नहीं मुझे,
बिखर कर जुड़ना आता है मुझे,

तू बस अपना इरादा बता दे मुझे,
बिछड़ने का डर डराता है मुझे,

तेरे बिन कुछ नज़र नहीं आता मुझे,
आईना तेरा ही चेहरा दिखाता है मुझे,

कभी तू भी आवाज़ लगा दे मुझे,
यूँ तो ज़माना बुलाता है मुझे,

हर हाल खड़े रहने का शौक़ है मुझे,
वरना आता जाता गिराता है मुझे,

आदत नहीं दुनिया से नज़रें चुराने की मुझे,
बस तेरा सवाल छुपाता है मुझे!

सादगी

आईने से पूछ बैठा मेरे ग़म का सबब,
वो हर पल मेरा ही चेहरा दिखाता रहा,

मैं इल्ज़ाम लगाता रहा दूसरों पे ,
और अपनी आँखों से ही आँसू बहाता रहा,

था मैं ही अंधा इश्क़ की राह में,
और मैं ही मंज़िल का रास्ता बताता रहा,

मेरे दिल में जमा पड़े थे टूटे ख़्वाब,
और मैं आँखों में रोज़ नए सजाता रहा,

था बरसात का माहौल मेरे शहर में,
और मैं आसमान के नीचे सर छुपाता रहा!

बोझ

एक ही आवाज़ सुकून लाती है,
हर ग़म को खींच ले जाती है,

आंसुओं का सफ़र और गालों का रास्ता,
दोनों का वो दर्द उड़ाती है,

दिल में सवाल उठते रहते हैं,
चेहरे पर हंसी जमती जाती है,

सोचता हूँ कि उसकी आँखें आख़िर,
अब किसके दिल को रुलाती हैं,

थक चुका है दिल बोझ उठाते-उठाते,
ज़िंदगी कहाँ कब बोझ उठाती है!

ख़ाक इश्क़

ख़ाक इश्क़,
पाया था जो उमरभर निभाने को, जताने को, हंसाने को,
बतियाने को,
आया था वो वापिस जाने को, सताने को, रुलाने को,
मिटाने को,
था तो इश्क़ ही, पर ख़ाक इश्क़,

नहीं था हमें मसला उसे उठाने को, गुनगुनाने को,
बनाने को, मनाने को,
उसे अच्छा लगता था गिराने को, भुलाने को, जलाने
को, दुखाने को,
था तो इश्क़ ही, पर ख़ाक इश्क़,

नहीं रहा कोई प्यार से खिलाने को, पिलाने को,
झिलमिलाने को, सुलाने को,

बचे हैं तन्हाई सजाने को, गाने को, तिलमिलाने को, रूह जगाने को,
था तो इश्क़ ही, पर ख़ाक इश्क़!

चले चलो

दर्द से लबालब भरे पड़े हैं,
फिर भी ज़माने में मुस्कुराते रहते हैं,

मतलब का शिकार बने पड़े हैं,
फिर भी रिश्तों को मनाते रहते हैं,

दिल में आंसू के टैंकर पड़े हैं,
फिर भी फ़क़त अकेले रोते रहते हैं,

बे क़बूल दूआओं के ख़ज़ाने पड़े हैं,
फिर भी ख़ुदा के दर आते रहते हैं,

सब हुस्न उनपर क़ुर्बान करे पड़े हैं,
फिर भी वो हमे सताते रहते हैं!

इम्तिहान

जहाँ मोहब्बत का मकान है,
वहीं दर्द का निशान है,
घर में दाखिल होगा कौन,
चाहत का अब इम्तिहान है,
सँभाल के रखो अपनी यारी,
चाँद तारों का तो आसमान है,
करते चलो दिल से दिल की बातें,
इश्क़ की बस यही ज़ुबान है,
दिखें मुसीबतें तो हाथ पकड़े रहना,
रस्ते-मंज़िल की यही पहचान है!

मज़बूत

हर जगह हवस की प्यास नज़र आती है,
चार दिन की उमर उदास नज़र आती है,

उतार फैंका है जब से ज़िंदगी के चेहरे से नक़ाब,
तमाम दुनिया तब से बे-लिबास नज़र आती है,

जितना भी दूर चला जाऊँ मजबूरियों से,
यह बला है की आसपास नज़र आती है,

नफ़रत, लड़ाई-जगड़ा, दहशत सब काफिराना बातें हैं,
मोहब्बत भरे दिल में मिठास नज़र आती है,

ज़माने को चखा दिया असली इश्क़ का ज़ायक़ा,
मुझे ख़्वाबों में सेहरे पर उगती घास नज़र आती है!

अदमियत

चलो फिर से दिल हारा जाए,
चलो फिरसे ख़ुद को निखारा जाए,

ढलती जा रही है उमर पहेली वाली के ग़म में,
चलो अब किसी और के साथ वक़्त गुज़ारा जाए,

मैं आज हुकम दे रहा हूँ मेरे मासूम दिल को,
रह गया है अंदर जिसका वजूद उसको मारा जाए,

जो पलट कर इश्क़ में नहीं दे सकता मोहब्बत,
ऐसे वैसे चेहरों को दिल में कभी ना उतारा जाए,

क्यूँ शर्तें खड़ी कर छीन लेते हो सब रिश्ते,
कोई माँ नहीं चाहती उससे दूर उसका तारा जाए,

बेवफ़ाई ख़ात्मा है हसीन कायनात-ए-तावानाई का,
क्या फ़र्क़ पड़ता है दिल हमारा जाए या तुम्हारा जाए।

ढीठ

आपकी आदतों की आदत डाल रहे हैं,
वरना ख़ुद में ही हम बेमिसाल रहे हैं,

अब तक निकल जाते हम भी ग़मों को छोड़ कर,
पर हमारे आगे पीछे दर्दों के जंजाल रहे हैं,

आप हमारी नींदों को अपनी बाहों में सँभाले रखना,
गुज़रे हुए ख़्वाबों को दुनिया से मलाल रहे हैं,

मोहब्बत लूट-लूट कर हमसे सब फ़रार हो गए,
एक वक़्त था जब हम इश्क़ की मिसाल रहे हैं,

इतने मजबूर हैं कि कई बार सोचा चले जाने का,
शायद अब आपके इंतज़ार में वक़्त टाल रहे हैं,

तनाव ने हमारे रुखसार की रंगत को चुरा लिया,
ग़द्दार के गाल तो बचपन से ही लाल रहे हैं,

मोहब्बत ने तोड़ डाला हर एक कमरा दिल का,
इतने ढीठ हैं की फिर भी मोहब्बत ही पाल रहे हैं!

एक सिक्का, दो पहलू

पास आए हैं तो दूरियाँ भी आएँगी,
आज सुकून है कल मजबूरियाँ भी आएँगी,

है अगर इश्क़ सच्चा तो तैयार रहना,
मोहब्बत-ए-मैदान में क़ुर्बानियाँ भी आएँगी,

रखना दिल की बात दुनिया के सामने,
कहीं से मंज़ूरियाँ और कहीं से ना-मंज़ूरियाँ भी
आएँगी,

नज़रअंदाज़कर देना कुछ-कुछ अंदाज़,
वक्त के साथ नज़र के सामने बुराइयाँ भी आएँगी,

आगे पीछे की आवाज़ों पे ना टिके रहना,
रात के सन्नाटों में तनहाइयाँ भी आएँगी,

अंधेरों में कहाँ कोई नज़र आया है,
दिन निकलेगा तो पीछे-पीछे परछाइयाँ भी आएँगी!

आएँगे-जाएँगे,

फूल कुछ देर के लिए आएँगे, चले जाएँगे,
कुछ पल का सुकून दिलाएँगे, चले जाएँगे,

हाथ नही छोड़ता अब किसी का डरता हूँ,
जो उठ कर जाएँगे, चले जाएँगे,

इसलिए ख़्वाबों के दाख़िले पे है पाबंदी,
ख़वाब में चेहरा दिखाएँगे, चले जाएँगे,

बीते लम्हे चैन से कब कहाँ जीने देंगें,
आएँगे याद दिलाएँगे, चले जाएँगे,

नही भरोसा गुज़रते मुसाफ़िरों पर हमें,
अजनबी गले लगाएँगे, चले जाएँगे,

शहद के व्यापारियों से रहना थोड़ा होशियार,
मीठा ज़हर पिलाएँगे, चले जाएँगे,

ए खुदा, टूट जाऊँ तो बिखरने ना देना,
समेटने वाले भी रुलाएँगे, चले जाएँगे!

54

सजते शौक़

ग़म को हम अपने साथ सुलाते रहे,
और उठते दर्द को शौक़ बुलाते रहे,

उसने छोड़ दिया था घर को घर समझना,
और हम कोना-कोना यूँही सजाते रहे,

सोचा था अब से बेपरवाह सोएँगे हम,
पर रात बर टूटे ख़्वाब नज़र आते रहे,

ऐसे पकड़ी उसने बेवफ़ाई की मशाल कि,
जिस दिल में रहते रहे उसे ही जलाते रहे,

जाने वाले को कौन कभी रोक पाया है,
हम तो उन्हें बस वादे याद दिलाते रहे,

खोल रखा था मैंने घर अफ़सोस-ए-दावत को,
कुछ मेहमान आते रहे, कुछ जाते रहे!

दोस्त

ऐ दोस्त जिस मैं को तू जानता है,
तुझे छोड़ और कोई नहीं जानता,

सब बाँटते आए हैं आज तक हम दोनों,
फिर तेरे दर्द तू क्यूँ नही बाँटता,

चाहे कितना भी झगड़ लूँ तुझसे मैं,
तू है की मेरी गालियों तक को नहीं मानता,

कोई निकालता है मुझसे सोना और कोई पत्थर,
एक तू ही मुझे नहीं छानता,

आईना और मैं जब तेरे सामने होते हैं,
तू मुझे देखता है ख़ुद को क्यूँ नही पहचानता!

वफ़ादार सजाएँ

ज़िंदगी का सफ़र कर रहे हैं,
उलझे हुए रस्तों से गुज़र रहे हैं,

मरना तो है एक नामालूम दिन,
फिर यह जीने के लिये क्यूँ मर रहे हैं,

एक हम बेइंतहा बह रहे हैं, एक वो
जो दरिया सुखाने को पानी भर रहे हैं,

कुछ हैं हवस के हैवान दुनिया में,
जो दिलों से इश्क़-ए-फसल चर रहे हैं,

इतनी सजाएँ पा चुके हैं बेक़सूर रहकर,
कि अब ख़ुद को संवारने से भी डर रहे हैं,

कुछ ऐसे सुलूक से रखा गया हमको,
कि अपने घर में भी हम बे-घर रहे हैं,

इसलिए पहचान नहीं पाए बेवफ़ा गली,
क्योंकि वफ़ादार गलियों में सारी उमर रहे हैं।

इक यह-इक वो

एक हसीना दिल को जोड़ गई,
पागल भटकती ज़िंदगी ही मोड़ गई,

घूम रहे थे नंगा जिस्म लेकर,
यह आई और इश्क़-ए-लिबास ओढ़ गई,

इक आईना था सच का वफ़ादार,
पत्थरों से मोहब्बत उसे तोड़ गई,

जी रहा था इश्क़ बेपरवाह,
लापरवाही गर्दन मरोड़ गई,

सोया पड़ा था दिल बेहोश,
अब नींद नहीं आती इस कदर झिंझोड़ गई,

यूँ तो था ही मैं बदकिस्मत,
उसकी बेवफ़ाई बचाकुचा नसीब फोड़ गई,

इक वो थी जो चार दीवारी गिरा गई,
इक यह है जो ईंट से ईंट जोड़ गई!

वाहिद

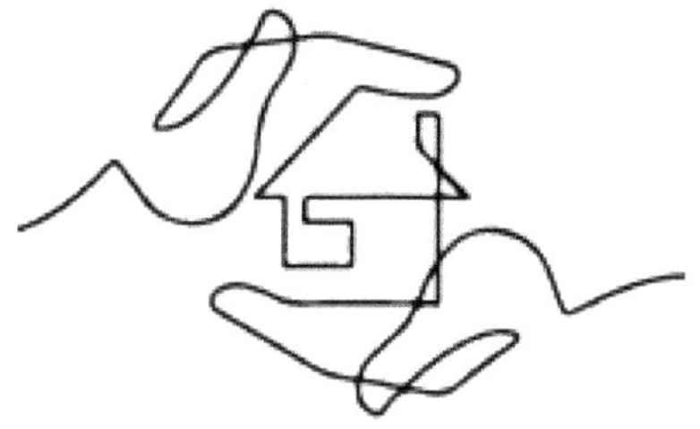

मैं ज़मीन सा बिछा हुआ,
तू आसमाँ सा छाया हुआ,
दूरियाँ बीच में काफ़ी हैं,
पर अफ़ेक पर कुंडल लगाया हुआ,

बादल तेरे, हरयाली मेरी,
आफ़ताब तेरा, रोशनी मेरी,
तारे तेरे, ख़ूबसूरती मेरी,
महताब तेरा, मोहब्बत मेरी,

तेरी नज़रें मुझसे हटती नहीं,
मेरी भी आँखें तुझ बिन सोती नहीं,
छाया रह तू दिन रात मुझपे,
तेरे बिना चाहत से मुलाक़ात होती नहीं,

तोड़ कर सब रस्मों रिवाज़
चल गले लग जाते हैं,
दूरियाँ मिटा कर बीच की,
दूरियों से दूर हो जाते हैं!

आस

खुद को सजाता संवारता रहता हूँ,
चेहरे के पीछे तबाही को छुपाता रहता हूँ,

इतने बेक़दर हैं वो कि मेरी सुनते नहीं,
मैं हूँ कि बेफ़ज़ूल आवाज़ लगाता रहता हूँ,

उसे नहीं परवाह कि मैं कैसे चल रहा हूँ,
मैं पागल उसकी राह से पत्थर हटाता रहता हूँ,

मैं नहीं हूँ ख़ुश यह सिर्फ़ मैं जानता हूँ,
कोई और नहीं समझेगा क्यूँकि मुस्कुराता रहता हूँ,

नहीं उगता अब आफ़ताब मेरे शहर में,
धीमी सी रोशनी पड़ते ही ख़ुद को जगाता रहता हूँ,

मुझसे जलने वालों से ही तो इश्क़ है मुझे,
लिहाज़ है सबका इसलिए ख़ुद को जलाता रहता हूँ,

अमित तौहीन नहीं करता कभी इश्क़ की,
दर्द लिख-लिख कर दरिया में बहाता रहता हूँ!

ज़िद

इक वादा मैं निभाए जा रहा हूँ ,
मरने के बाद भी इश्क़ किए जा रहा हूँ,

शौक़ नहीं रहा अब मुझे जीने का,
दिन काटने को साँसें लिए जा रहा हूँ,

सूख चुके हैं फूल मेरे गमलों में,
मैं हूँ की ज़बरदस्ती पानी दिए जा रहा हूँ,

ज़हर को पहचान लिया है मैंने,
ज़िद ऐसी है कि घूँट-घूँट पिए जा रहा हूँ,

ग़म में आवाज़ ना दे दूँ किसी को,
बैठ कर दर्द में होठों को सिए जा रहा हूँ!

दरवाज़े

आजकल लोग अक्सर बहाने से सामने आते हैं,
मक़सद मुझसे कुछ नहीं, बस मेरी हालत पे हंसने
आते हैं,

ख़ामोश ज़िंदा लाश पड़ा रहता हूँ,
नाजाने फिर भी क्यूँ, बेफ़ज़ूल बातें करने आते हैं,

मेरे टूटे घर का नज़ारा ही कुछ ऐसा है,
जो भले वक्त ना आए, वो भी आज देखने आते हैं,

मुझे नींद नहीं आती अब रातों को,
पर हाँ सोये बिना भी, मुझे उसी के सपने आते हैं,

मेरे बस में ना रही ख़ुद की ज़िंदगी,
मेरी ज़िंदगी चलाने, अब ख़ामख़ा लोग चले आते हैं,

दिन गुज़र रहे हैं अब गुज़री यादों में,
मुझे उसके नहीं, अपने ग़ुलामी के ख़याल आते हैं,

निकलने लगता हूँ जब दिल की आग बुझाने,
मेरे अकरबे, हाथों में घी पकड़े आते हैं,

जीना चाहता हूँ में अब मरे इश्क़ के साथ,
मुझे अब दिल के खुले दरवाज़े बंद करने आते हैं!

मैदान

मैदान इश्क़-ए-युद्ध का बहुत बड़ा है,
थोड़ी-थोड़ी दूरी पर परेशानियों का सिपाही खड़ा है,

जीतेंगे हम ज़मीन थोड़ी-थोड़ी कर ,
हमारा हौंसला और जिगरा जाना बहुत बड़ा है,

हथियार मैं उठाऊँगा तुम बस साथ बढ़ते रहना,
वो सब सर झुका देंगे जो भी अड़ा है,

जो घायल हो जाऊँ तो भी लड़ता ही रहूँगा,
मुझमें इश्क़-ए-जुनून भरा पड़ा है,

कभी थक जाओ बीच में तो याद रखना,
हर कामयाब इश्क़ कभी ना कभी लड़ा है,

कट जाएँ जो मेरे हाथ कभी लड़ते-लड़ते तो,
घबराना नहीं मेरे पैरों में भी ज़ोर बड़ा है,

फ़तह हासिल कर पहुँचे गए उस मकान तक,
जो हमारे इंतज़ार में घर बनने को खड़ा है!

मंसूबे

हो चुका हूँ तेरा,
अब मुझपे हक़ जताया कर,
सारी दिल में छुपी बातें
अब बातों-बातों में बताया कर,
आज का दिन कैसे बीता,
दिनभर के क़िस्से रात को सुनाया कर,
जब सोए हों हम इक दूसरे की बाहों में,
तो ख़्वाबों में नए ख़्वाब सजाया कर,
आज तो काट लेंगे मोहब्बत में,
तू कल के लिए हमारे इश्क़ के मंसूबे बनाया कर,
तेरी याद आती रहती है हर पल,
तू कभी सब छोड़-छाड़ के ख़ुद भी आया कर!

तलाश

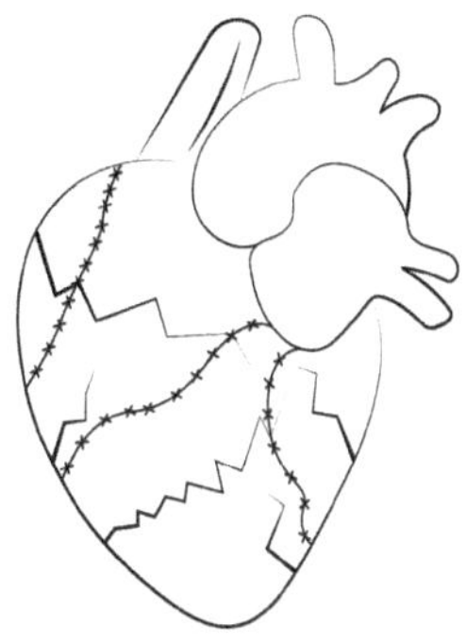

हर बात दिल की दिल ही में बिठा दी,
इस तरह बर्बादी दुनिया से छुपा दी,

पहले पन्ने से आख़िरी तक लिखी दास्तान-ए-ग़म,
हमने अपने ज़हन से भुला दी,

सूफ़ेद क़मीज़ जिसपे झूठ की छींटें फैंकी गई,
आज वो सच्चाई के साबुन से धुला दी,

हर हिस्सा मेरा उक़ूबत से गुज़रा,
इक आँखें ख़ामोश थी वो भी आज रुला दी,

जिनको ना थी खबर हमारे हाल की,
उनकी परवाह में इक लंबी उमर यूँ ही उड़ा दी,

कुछ भुला दिया कुछ भूल गए हम,
कुछ इस कदर बची-कुची ज़िंदगी कबर से उठा दी,

अमित ख़ुद की अब तलाश जारी है ज़माने में,
कुछ रोज़ पहले ज़ंजीरें अपने कदमों से हटा दी!

क्या

आप तो मेरा चेहरा देखते ही रो पड़े हो,
दास्तान-ए-ग़म क्या सुनाऊँ,

सफ़र कैसा कटा और कैसा कट रहा है,
अब अपने पावों के आबले क्या दिखाऊँ,

एतबार तोड़ा है मेरा हर अपना बताने वाले ने,
अब किसी को अपने पास क्या बिठाऊँ,

जब अल्फ़ाज़ों में बयान करने वाला ही ना रहा,
तो में उसके लिखे ख़त क्या जलाऊँ,

आंसुओं को जब सब पानी समझें,
तो में आँखों में दरिया समेट क्या लाऊँ!

अब नहीं

गिने-चुने ख़ुशी के लम्हे मैं बर्बाद नहीं करता,
कुछ ग़लतिया उसके जाने के बाद नहीं करता,

हर दर गवाह है मेरी दुआओं का तेरी ख़ातिर,
पर अब मैं ख़ुदा से भी कोई फ़रियाद नहीं करता,

मेरे घर के गमलों में लगे फूल सूखते जाते हैं,
मैं उन्हें जलने देता हूँ पर उन्हें खाद नहीं करता,

कुछ अधूरी ख्वाहिशें दिल को हर रोज़ तोड़ देती हैं,
मैं उन्हें क़ैद किए हूँ आज़ाद नहीं करता,

डर लगा है मेरे आगे ख़ुशियों के टीलों का,
मैं बर्बाद पड़ा हूँ ग़म में ख़ुद को आबाद नहीं करता,

धुंधली एक तस्वीर तेरी रह गई है इस ज़हन में,
मैं याद में भी तुझे अब याद नहीं करता!

73

डरती ख़्वाहिश

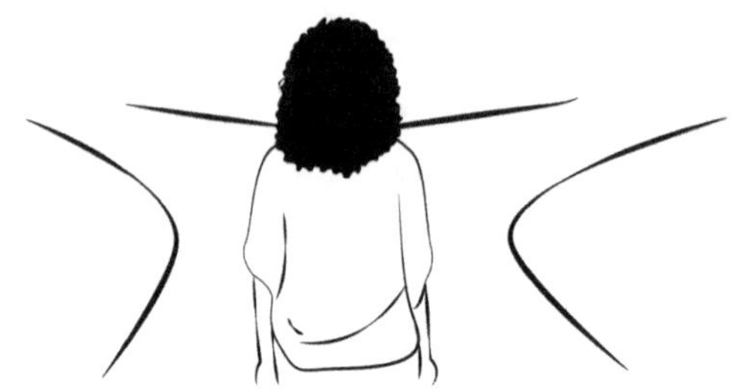

अब वो कहाँ होगी, क्या करती होगी,
शायद इश्क़ शहर में आज भी झूठे आंसू भरती होगी,

कोई मर जाता होगा आज भी उसकी आँखों पे,
और वो उसके दिल से खेलती होगी,

कोई उसका नाम मेरे सामने लेने से पहले सोच ले,
कि मेरे दिल पे क्या गुज़रती होगी,

मुझे होश में आए ज़माना बीत गया,
नाजाने कैसा लगता होगा जब शराब उतरती होगी,

उसकी गली में दिलों के साथ खेला जाता है,
मोहब्बत आज भी वहाँ जाने से डरती होगी,

पत्थर ना मारो किसी की ख़्वाहिश पे,
दिल पे लगते ही आईने की तरह टूटती होगी!

मुश्किल वफ़ा

ख़ामोश आँखें उदास खड़ी हैं,
ना बहने की ज़िद पे अड़ी हैं,

बहुत सितम देखें हैं इन भोली आँखों ने,
अब यह मायूस सदमे में पड़ी हैं,

ख़्वाबों को उम्मीद है फ़तह हासिल होगी,
उम्मीदें दिन रात जो इनके लिए लड़ी हैं,

दिल का सेहरा जंगल बनने को है,
अब के सावन में बूँदे हद पार झड़ी हैं,

सोच समझ कर चलना मंज़िल-ए-इश्क़ की ओर,
इस राह में मुश्किलें कड़ी हैं,

कोई शख़्स वफ़ादार मिले तो उसे पकड़े रखना,
दुनिया के क़ाफ़िले में बेवफ़ाइयाँ बड़ी हैं!

आज़ाद इश्क़

कभी हमसे हमारे बारे में तमाम पूछिए,
ना समझ में आएँ तो ज़माने से हमारा नाम पूछिए,

ख़रीददार बहुत हैं हमारे पर हम बिकाऊ नहीं,
आप तो बस अपने लबों से हमारा दाम पूछिए,

धोखा हमारे ख़ानदान से कोसों दूर है
और क्या-क्या है इसमें हराम पूछिए,

हमें आपसे कितनी मोहब्बत है
यह एक सवाल हर गुज़रती शाम पूछिए,

चलते जाना है आपकी ख़ातिर,
किस ऊँचाई पे है मोहब्बत का मुक़ाम पूछिए,

अलग हो आप पूरे जहां के बगीचे में
कौन-कौन है आपका ग़ुलाम पूछिए,

आप रूठ जाओगे तो ख़ुद को तबाह कर देंगे,
कितने बाक़ी हैं जाम पूछिए,

इश्क़ ख़ुदाई है और दिलबर ख़ुदा,
फिर कैसे लगाते लगाम पूछिए?

सादा फ़ायदा

उसका नशा कुछ ज़्यादा हो गया,
मेरे टूटने का फिरसे इरादा हो गया,

कम्बख़्त सीख ना पाया पुराने ज़ख़्मों से,
इसमें तो ख़ंजर का फ़ायदा हो गया,

विर्से में नहीं मिलें हैं मुझे ग़म,
फिर क्यूँ इनसे उमर भर का वादा हो गया,

कभी नाज़ था हमे अपने अंदाज़-ए-हुनर पर,
अब यह रंगीन आदमी सादा हो गया,

ख़ुश हुआ करता था मैं भी कभी,
ग़म में तो हंसी का मूल भी आदा हो गया,

चेहरा कैसे दिखाएं दुनिया को,
उसकी ग़लतियों से यह शहज़ादा पीयदा हो गया,

भरे बाज़ार बिकने के लिए पड़े थे हम,
लाचारी के हाथों फिर से सौदा होगया!

79

अनजान ज़िंदगी

एक दिन यहाँ मुसीबतों से पहचान होगी,
ज़िंदगी कभी ना कभी तो परेशान होगी,

आज सब सही सलामत चल रहा होगा,
आने वाले कल से निगाह अनजान होगी,

खड़े देखते रह गए तमाशा हाथ पे हाथ धरे,
काबिल आँख भी उस दिन हैरान होगी,

आप डटे रहना खुद को गिरने ना देना,
यह आफ़त कुछ ही पल की मेहमान होगी,

थक कर पीछे हट जाएँगी आंधियाँ,
जलते चिराग़ों की रोशनी आप पर क़ुर्बान होगी!

मूल

है कुछ नहीं करने को,
वजह ही वजहें हैं मरने को,

पत्ते दरख़्तों के सूखते जा रहे हैं,
तैयार बैठे हैं बस अब झड़ने को,

रिश्ते भी अजीब हैं पीछे खींचते जाते हैं,
नही छोड़ते आगे बढ़ने को,

मेरी बेरंगी का असर तो देखो
वक़्त ही नहीं लगा उसका रंग चढ़ने को,

यूँ तो दुनिया मेरे साथ खड़ी थी
इक शख़्स लगा मेरी दुनिया उजड़ने को,

किसी पे उसका बस नहीं चलता ,
बस एक में ही तो मिला हूँ झगड़ने को,

कुछ ख़ास समान नहीं लगा राख होने को,
इक बेवफ़ाई तो लगी बिछड़ने को!

छोड़ आए सुकून

हम पहाड़ों वाला कुदरती घर छोड़ आए हैं,
हम दौलत के लिए अपना गाँव छोड़ आए हैं,

कोई अपना दिखता नहीं इतने बड़े शहर में
हम छोटे से मोहल्ले में अपने रिश्ते छोड़ आए हैं,

हमें मोहब्बत का सबक़ पढ़ाने वाले बेख़बर हैं
कि हम इश्क़ का जामिया छोड़ आए हैं,

दिन पे दिन यूँ ही नागवार गुज़र रहा है,
हम दोस्तों की शाम की चाय छोड़ आए हैं,

2 bhk, 3 bhk के खेल में सिमट गया ज़माना
हम बगीचे और वरांडे से मुस्तैद मकान छोड़ आए हैं,

कोई मिलता नहीं जो हाल भी पूछे हमारा,
हम सुबह शाम दुआ देने वाली माँ छोड़ आए हैं,

ज़िंदगी की क़ीमत अब पीतल रह गई,
हम पीछे एहसासों से सजा हीरा छोड़ आए हैं!

क्या से क्या

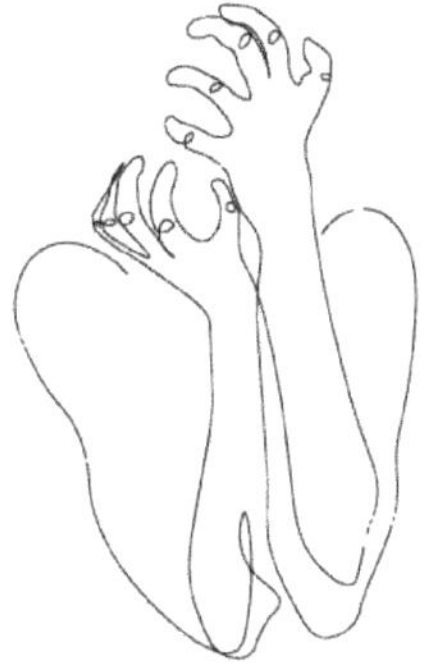

ज़िंदा लाश बन गया हूँ मैं,
जीते जी शमशान बन गया हूँ मैं,

खुद को देखता हूँ तो यक़ीन नहीं होता,
क्या से क्या बन गया हूँ मैं,

ज़ालिमों के जंजाल में फँस गया हूँ,
लगता है किसी का शिकार बन गया हूँ मैं,

हर कोई अब घूरती नज़रों से देखता है,
यह कैसा तमाशा बन गया हूँ मैं,

लोग हंसते हैं मुझपे हर गली मोहल्ले,
इश्क़ में एक मज़ाक़ बन गया हूँ मैं,

मुझसे ना छेड़ो पुरानी बातें, मैं रो पड़ूँगा,
सख़्त था अब लतीफ़ बन गया हूँ मैं!

बेगुनाह

इंसानियत निभाना गुनाह था क्या?
मुझे छोड़ कोई और गवाह था क्या?

किसी ने किसी की हालत देख उसे गले लगाया,
इसका मतलब उसका मुस्तकबिल तबाह था क्या?

क्यूँ कोई नहीं समझा मेरे नेक इरादे,
मेरी क़िस्मत का लेखा-जोखा सियाह था क्या?

मैंने ज़रा सा मुँह अपनी तरफ़ क्या मोड़ा
मुझसे नज़रें हट गईं, इश्क़ लेने वाला बेनिगाह था
क्या?

इस्तेमाल सब करके मेरा खुद के ख़ज़ाने भरते रहे,
मेरी तिजोरी का ताला बेपनाह था क्या?

सालों बाद भी सोचता फिरता हूँ कि
जिसकी कदर की, वो इतना बेपरवाह था क्या?

तुम सबने क्या सोचा गूँगा खुद के लिए लड़ेगा नहीं,
मेरे एहसासों का शोर हवा था क्या?

मैंने इश्क़ किया

मैं गुनहगार हूँ मैंने इश्क़ किया,
मुझे गिरेबान से पकड़ मैंने इश्क़ किया,

या तो टांग दे सूली, ज़िंदा मत छोड़
मुझसे गलती हो गई मैंने इश्क़ किया,

आँखों में रेत डाल ये पानी बहाती हैं,
दरिया को बंद कर सबूत दे मैंने इश्क़ किया,

मुझे जीने का कोई अब हक़ नही,
बदनसीबी बन चुका हूँ क्योंकि मेने इश्क़ किया,

हिजर की रात आई ही इसलिए
क्योंकि अपना आप भूल कर मैंने इश्क़ किया,

मुझे सफ़ाई में कुछ नहीं कहना
मैं ख़ुद का क़सूरवार हूँ मैंने इश्क़ किया,

एक आख़िरी ख्वाहिश है,
मुर्दा शरीर की पेशानी पे लिख देना मैंने इश्क़ किया!

कमाल पड़ा हूँ

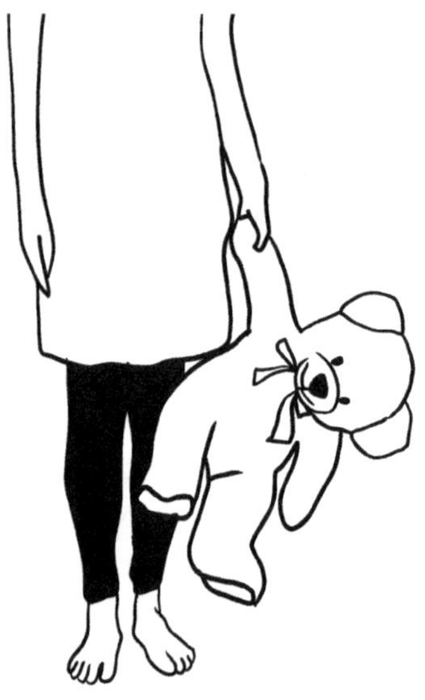

आँखों से तो लाल पड़ा हूँ मैं,
ज़ख्मों से तो मालामाल पड़ा हूँ मैं,

कौन अपने दिल में मेरे लिए मोहब्बत छुपाए बैठा है,
उसको बता दो बेहाल पड़ा हूँ मैं,

कोई तो मुझे ख़रीद लो बाज़ार से,
नया हूँ बेइस्तेमाल पड़ा हूँ मैं,

खुद की जड़े कट गई हैं
किसी और पेड़ पे बन ढाल पड़ा हूँ मैं,

नाम बेवफ़ा का छुपाते-छुपाते,
अपनी ही इज़्ज़त उछाल पड़ा हूँ मैं,

आँखें खुली हैं, साँसें चल रही हैं,
दिल धड़क नहीं रहा, क्या कमाल पड़ा हूँ मैं!

ज़ात

यह जो याद आता है,
अक्सर जज़्बात भर जाता है,

महबूब ईमानदार हो तो उजाला ही उजाला
बेवफ़ा हो तो हर तरफ़ रात भर जाता है,

हुआ कुछ है, बता कोई कुछ और गया,
ग़ैरतमंद कान में झूठी बात भर जाता है,

कोई तो फीकी ज़िंदगी में रंगीन आए,
रंग अक्सर पानी में अपनी ज़ात भर जाता है,

इश्क़ सच्चा हो तो होठों पे मुस्कुराहट,
दिल में चैन और हसीन यादों की मुलाक़ात भर जाता
है!

सयाना बचपन

झूठों की महफ़िल में इश्क़ सच्चा कहाँ से आया है
हमारे अंदर पक्की उमर में यह बच्चा कहाँ से आया है

हर रोज़ एक दूसरे की राह ताकते रहते हैं हम
मिलकर बच्चों जैसी हरकतें करते रहते हैं हम

भूल जातें हैं समाज में खींची सरहद की लकीरें
रहते हैं मन मुताबिक़ तोड़ कर समाजी ज़ंजीरें

बचपन शोर मचाए दिल की गलियों से गुज़रता है
पागल इश्क़ उछल-उछल कर शहर की भीड़ में
निखरता है

बच्चे जैसे बेफ़िकर बोलते हैं, हंसते हैं, सो जाते हैं
क्यूँ हम एक दूजे में बिन सोचे समझे खो जाते हैं

ना रहता है किसी भी चोट या दर्द का डर
चल चलते हैं बनाते हैं एक महफ़ूज़ अपना घर

एक ख़्वाहिश है इन बच्चों की उमर भर के लिए
नज़र ना लगे इस बचपने को पल भर के लिए

चल खेलते हैं, बड़प्पन को थोड़ी देर भूल जाते हैं
कोई काम नहीं है फिर भी नई गलियों में फ़िज़ूल जाते
हैं!

नया ज़माना

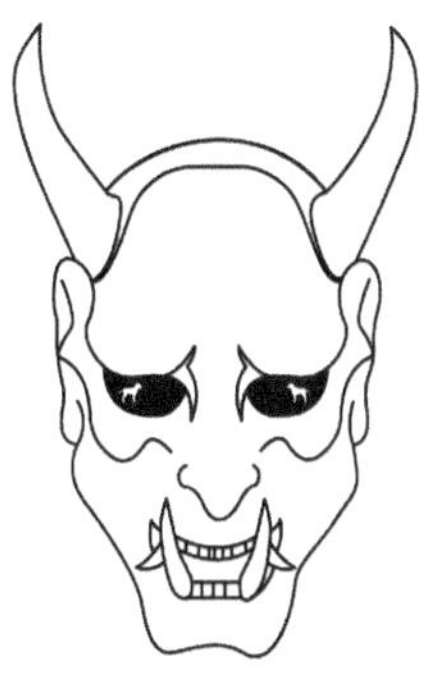

चेहरा वही पुराना है,
इसपे ज़माने का नक़ाब लगाना है,

ज़िंदा रहने के लिए अब,
अपने नाम को फ़रेब के दस्तावेज में दर्ज करवाना है,

सोए पड़े हैं क़ानून रिश्वत पर,
अब तो जुर्म से खुद को खुद ही बचाना है,

सच बेहाल बिखरा पड़ा है ,
झूठ को शहर का वज़ीर-ए-आलम बनाना है,

आयना पहचान नहीं रहा हमको,
उसको अब राज़-ए-निहाँ का काला चेहरा दिखाना है,

कट रहे हैं दरख़्त बिजली रफ़्तार ,
लालच को तरक़्क़ी का नाम देना अच्छा बहाना है,

एहसासों की क़ीमत नहीं अब,
नस काट के अपने खून से इश्क़ को जताना है,

मिट्टी की पकड़ ढीली कर दी,
अब फसलों को सिर्फ़ किताबों में उगाना है,

खुद कभी सर उठा जिए नही,
तरकीबें बना रहे हैं कि मुझे कैसे झुकाना है,

कहर बरस रहा है हर सर,
सर छुपाने के लिए अब सिर्फ़ खुदा का ठिकाना है,

भूल गए हैं हम इंसानियत,
इंसान बचाने को मिलकर मोहब्बत का गीत गाना है!

तब-कब

जो किसी ने ला-परवाह दिल तोड़ा,
मोहब्बत के मायने तब समझे,

वो शकल से नादान थे इसलिए हम क़सूरवार,
बेगुनाहई की सफ़ाई हम तब समझे,

तेज़ बारिशों का सैलाब जब सब बहा ले गया,
पक्की इमारतों की बुनियाद तब समझे,

आसमान की तरफ़ देख कर थूकते रहे,
खुद पर जब गिरे छींटें तब समझे,

खुदा ढूँढते रहे कभी मंदिर कभी मस्जिद में,
भूखे पेटों से जब मिले खुदाई तब समझे,

काँटों की चुभन से मुलाक़ात जब हुई,
गुलाबों की ख़ुशबू की दिलकशी तब समझे,

बरसों ठोकरें खाते रहे एक ही रस्ते पर,
नक़्शे बदल सफ़र की ख़ूबसूरती तब समझे।

बाप

सब माँ की बात करते हैं,
बाप का क़र्ज़ कौन उतारेगा,

हमारे हाथ पेर अभी छोटे हैं,
ऊपर छज्जे से मर्ज़ कौन उतारेगा,

हाथ पे हाथ रख सब बैठे हैं,
मुश्किलों से निकलने का तर्ज़ कौन निकालेगा,

चोर बाज़ारी के माहौल में
आसमाँ में चढ़े दामों का अर्ज़ कौन सँभालेगा,

लाई माँ है पर जीने का सहारा बाप है,
उसकी लाठी का फ़र्ज़ कौन सँभालेगा!

कालक़

अंधेरों से घिरा आसमान,
देख रहा है अनदेखी दास्तान,
चिराग़ो से फ़र्क़ नहीं पड़ता उसको,
खोज रहा है पोषीदा कहते हैं जिसको,

सब चेहरे कालक़ पोते हैं,
आग लगाए बाद अक्सर रोते हैं,
सन्नाटा है हर एक घर में,
सिमटा है हयात एक डर में,

नज़रों को कुछ दिख नहीं रहा,
गिरती उम्मीदों को किसने सहा,
मतलब से इश्क़ में उतरता,
दिलों दिमाग़ अंधेरों से गुज़रता,

झीलों को भी दहशत है पत्थरों से,
लहर उठ रही है काले ख़तरों से,
ख़ुदा से बिन बात बग़ावत हुई,
काफिरों के शहर में आहट हुई,

नींद को सपनों से अनजान बना दिया,
गुमनामी को अंधेरों की पहचान बना दिया,
औरत को परदे से अंधा किया,
मासूमों के जिस्म से धंधा किया,

जो सफ़ेद था वो काला हो गया,
काला भी गहरा काला हो गया,
प्यास है ज़्यादा पाने की,
भूख गरीब का हिस्सा खाने की,

फूलों का कुछ नहीं छोड़ा,
गुलशन को जड़ से तोड़ा,
अंधेरा ही अंधेरा छाया है,
काले रंग की क्या माया है,

दिल भी काला, दिमाग़ भी काला,
जिस्म भी काला, रूह का साया काला,
फँस गए अंधेरे के जाल में,
काले रंग के काल में,

अब अंधेरे से निकालेगा कौन,
चाँद को ज़मीन पे उतारेगा कौन,
काले चेहरे कैसे धुलेंगे,
काले दिन कैसे भूलेंगे!

क्या कभी

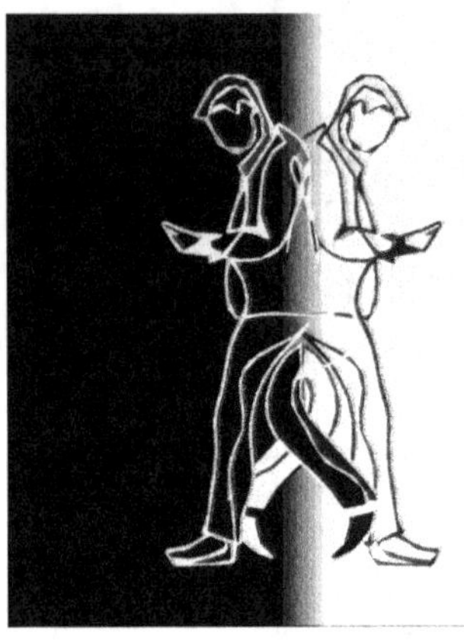

यादें कितनों को उसने जलाया होगा,
फिर भी कहाँ वो मुझे भूल पाया होगा,

जब-जब रोया होगा वो अपनी बेवफ़ाई पे,
तब-तब मेरा चेहरा उसके सामने आया होगा,

भूल चुका होगा वो मेरे इश्क़ का रंग रूप,
कभी ना कभी तो उसने भी दिल मुझसे लगाया होगा,

मैं अपने घर की सूनी दीवारों को क्या कहूँ ,
वो त्योहार गुज़र गए जब उसने इन्हें सजाया होगा,

आज वो इंसानियत की बातें करता है,
आईने ने उसको उसका असली चेहरा दिखाया होगा,

मोम के जैसे पिगल रहे हैं ग़ैर जज़्बाती,
पत्थरों को भी कभी मैंने हाल-ए-दिल सुनाया होगा!

www.ingramcontent.com/pod-product-compliance
Lightning Source LLC
LaVergne TN
LVHW050913200726
843508LV00011B/2188